문학과지성 시인선 266

새들의 꿈에서는 나무 냄새가 난다

마종기 시집

문학과지성사에서 펴낸 마종기의 시집

안 보이는 사랑의 나라(1980)
모여서 사는 것이 어디 갈대들뿐이랴(1986)
그 나라 하늘빛(1991)
이슬의 눈(1997)
마종기 시전집(1999)
보이는 것을 바라는 것은 희망이 아니므로(시선집, 2004)
우리는 서로 부르고 있는 것일까(2006)
하늘의 맨살(2010)
마흔두 개의 초록(2015)
천사의 탄식(2020)

문학과지성 시인선 266
새들의 꿈에서는 나무 냄새가 난다

초판 1쇄 발행 2002년 9월 16일
초판 12쇄 발행 2023년 6월 8일

지 은 이 마종기
펴 낸 이 이광호
펴 낸 곳 ㈜문학과지성사
등록번호 제1993-000098호
주   소 04034 서울 마포구 잔다리로7길 18(서교동 377-20)
전   화 02)338-7224
팩   스 02)323-4180(편집) 02)338-7221(영업)
전자우편 moonji@moonji.com
홈페이지 www.moonji.com

ⓒ 마종기, 2002. Printed in Seoul, Korea

ISBN 89-320-1365-9 02810

이 책의 판권은 지은이와 ㈜문학과지성사에 있습니다.
양측의 서면 동의 없는 무단 전재 및 복제를 금합니다.

문학과지성 시인선 266
새들의 꿈에서는 나무 냄새가 난다
마종기

2002

시인의 말

이 시집은 1997년 초에 출간된 시집 『이슬의 눈』 이후, 5년 반 동안 고국에서 발표되었던 시들을 거의 순서대로 모은 것이다.

나는 이제서야 만 36년간의 미국 의사 생활을 끝내면서 몇 해 이른 은퇴를 하였다. 이런 글이나마 고국 땅에서 쓰고 있는 내 큰 기쁨을 이 책을 펼친 분께 삼가 알린다.

2002년 가을
마종기

새들의 꿈에서는 나무 냄새가 난다

차례

▨ 시인의 말

제1부
축제의 꽃 / 11
파도 / 13
외할머니 / 14
잡담 길들이기 1 / 15
잡담 길들이기 2 / 17
잡담 길들이기 3 / 19
메아리 / 20
부활절 전후 / 21
나그네 / 22
들꽃의 묵시록 / 24
첫날 밤 / 26
그레고리안 성가 1 / 28
그레고리안 성가 2 / 29
그레고리안 성가 3 / 30
가을에 대한 의견 / 31
창경궁 편지 / 32
바다의 집 / 34

제2부

두렵고 떨리는 마음으로 / 39

깨꽃 / 40

열매 / 42

다른 바다 / 44

이별 / 45

춘천 가는 길 / 47

겨울 묘지 / 49

잡담 길들이기 4 / 51

잡담 길들이기 5 / 53

들불의 율동 / 55

겨울의 기쁨 / 56

추운 날의 질문 / 58

저녁 풍경화 / 60

날아다니는 사슴 / 62

간절한 / 63

호박 같은 / 64

제3부

開心寺 / 69

침묵은 금이라구? / 70

상처 1 / 72

상처 2 / 74

어느 날 문득 / 75

길 / 77

다시 찾을 때까지 / 79

목화밭에서 / 81
청량한 이를 그림 / 83
내 집 / 85
여름의 어른 / 87
溫柔에 대하여 / 89
늙은 비의 노래 / 90
잠시 전에 / 92
목련, 혹은 미미한 은퇴 / 93

▨ 해설 · 이별, 혹은 축제의 표적 · 이광호 / 99

제1부

축제의 꽃

가령 꽃 속에 들어가면
따뜻하다.
수술과 암술이
바람이나 손길을 핑계 삼아
은근히 몸을 기대며
살고 있는 곳.

시들어 고개 숙인 꽃까지
따뜻하다.
임신한 몸이든 아니든
혼절의 기미로 이불도 안 덮은 채
연하고 부드러운 자세로
깊이 잠들어버린 꽃.

내가 그대에게 가는 여정도
따뜻하리라.
잠든 꽃의 눈과 귀는
이루지 못한 꿈에 싸이고
이별이여, 축제의 표적이여.
애절한 꽃가루가 만발하게

우리를 온통 적셔주리라.

파도

미련한 파도야
이 해변에 깔린 집채만한 바위들
밤낮 네 가슴으로 치고 울어보아야
하얀 피의 포말만 흩어질 뿐인데.
한 삼백 년은 지나고 나야
네 몸 굴리면서 간지럼 즐길
흰 모래사장이라도 되어줄 텐데.

그때가 되면 누가 너를 기억하겠니.
허리 구부린 채 혼자서 춤출래?
미련한 파도야, 세월 가는 것도 모르고
목마른 폭풍만 꿈꾸면 어쩔래?
긴 편지를 쓰고 지우고 다시 또 쓰는
멀리서도 쉬지 않는 파도의 손.

외할머니

온천장 금정사 밑 우리 외할머니,
마당 끝 치자나무 드문 흰 꽃 옆에
노방 깨끼저고리 맵시 있게 입으시고
낮은 사투리로 나를 찾으시던
외할머니 그 은근한 손짓이 매해
내 어린 여름방학을 치장해주셨네.
넓게 열린 푸른 별밭의 수박 잔치도
반딧불 어지러워 잠이 오지 않던 밤도
외할머니 신명난 다듬이 소리같이 그립네.
치자 열매 다 익기 전에 서둘러 돌아가시고
해운대 보이는 조그만 산소 가에서
오늘은 외할머니 모시 치마 입으실까
오, 내 부끄러움의 감빛 치자 열매 익는다.
여름만 되면 사방에 계신 외할머니
낮은 사투리로 나 부르시는 목소리 듣네.

잡담 길들이기 1

　세계적 의상 디자이너 베르사체 씨는 그의 호모 애인이었던 젊은 청년 쿠나넌이 쏜 복수의 총에 맞아 죽고, 그 장례식에는 다이애나 비를 비롯한 세계의 명사들이 많이 참석해 죽음을 애도했다는데, 베르사체 씨의 생전을 회상하는 가수 마돈나는 슬픈 목소리로 말했다.──나는 그의 호화스런 저택에 초대받아 며칠을 묵은 적이 있었다. 창문을 열면 호수가 보이는 방과 집이 어마어마했지만 매일 밤잠을 설쳤다. 내 혼이 멀리 떠나지 못하고 내 주위를 맴돌면서 불안해했다. 잠은 혼이 여행을 떠나야 비로소 찾아오는 것인데……

　잘 가라. 잠이 들 때면
　매일 밤 나를 떠나는 내 혼,
　쓸쓸한 밤의 여정에는
　멀리 뜬 별들도 섞여 있던가.
　자유로운 여행의 갈증을 부러워하느니
　유명하고 이상하고 떠들썩한 혼보다
　혼자 있는 혼에게 더 가까이 다가가
　도처에 흩어진 내 말을 거두어다오.
　그러나 오늘도 온 마음 비워두고

혼자서 떠나는 통증의 발걸음.

잡담 길들이기 2

 얼마 전 고고학자들이 찾아낸 부서진 뼛조각들을 연구하다가, 그것이 30만 년 전쯤 에티오피아의 물가에 살던 최초의 유일한 인간이었고 여자였음을 밝혀내고 루시라는 이름을 붙였는데, 이번에는 지질학자 팀이 남아프리카의 남서쪽 해안 가에서, 11만 7천 년 전에 살았던 여자의 발자국을 암반에서 찾아내고 이것이 제일 오래된 인류의 발자국인 것을 증명했다.

 루시는 혼자 물가를 걸었다.
 작고 큰 물고기와 물장구도 치고
 풀잎을 나물 삼아 뜯어먹으면서
 아프리카의 서쪽 해안을 따라
 18만 3천 년쯤 걸었다.
 꽃물을 짜서 얼굴을 씻고
 튼튼한 유방을 햇살로 키워도
 칼날 같은 밤에는 소리 죽여 흐느끼고
 적막한 수평선에서 벗은 몸을 떨었다.
 그 흐느낌과 떨림이 유전인자로 남았다.
 1미터 58의 키와 작은 손과 발로
 아프리카 땅이 끝나는 물 속에서 드디어

루시는 남자를 만났다.
또 11만 7천 년쯤이 지나갔다.
나도 물가에서 루시를 만났다.

잡담 길들이기 3

 여자의 젖꼭지는 젖먹이들의 명줄이지만, 남자의 젖꼭지는 무슨 소용일까. 쓸데없는 남자의 젖꼭지는 염색체의 결함 때문이라는군. 인간이 처음 수태되었을 때는 모두가 여자라는 거야. 수태 후 몇 주일이 지나서 갑자기 중간에 남성이 된다는 거지. 그 후의 아홉 달은 호르몬이 남자를 완성시키지만, 처음 있던 젖꼭지는 다 지우지 못하고 —

 여자가 남자가 되었다구?
 우리 사이에 있는 손과 입,
 여자와 남자의 얼굴이 웃고
 두 얼굴이 하나 되어
 피카소의 그림처럼 예쁘다.
 반쯤 비어 있는 사람이 예쁘다.
 다리와 다리가 껴안고
 둥근 피부와 굴곡의 피부가 섞인다.
 남자는 처음에는 여자였다구?

메아리

작은 호수가 노래하는 거
너 들어봤니.
피곤한 마음은 그냥 더 잠자게 하고
새벽 숲의 잡풀처럼 귀 기울이면
진한 안개 속에 몸을 숨긴 채
물이 노래하는 거 들어봤니?
긴 피리 소리 같기도 하고
첼로 소리인지 아코디언인지,
멀리서 오는 밝고 얇은 소리에
새벽 안개가 천천히 일어나
잠 깨라고 수면에서 흔들거린다.
아, 안개가 일어나 춤을 춘다.
사람 같은 형상으로 춤을 추면서
안개가 안개를 걷으며 웃는다.
그래서 온 아침이 한꺼번에 일어난다.
우리를 껴안는
눈부신 물의 메아리.

부활절 전후

섬진강 가의 매화라든가
고창 선운사의 동백꽃잎이
지천의 수선화나 히아신스보다
내게는 더 곱고 더 그립기야 하지만
사순절 동안에 죽은 동생의 혼이
여기까지 찾아와 글썽이는 요즈음,
『뉴스위크』 잡지는 화려한 단장으로
'과연 부활을 믿을 수 있는가' 한다.

믿을 수 있는가, 매끄럽고 빠른 세월아,
부활절 며칠 전에는 함박눈 내리고
따뜻하고 어두운 땅 밑의 뿌리는
급한 마음 얼굴 내미는 나뭇잎을 향해
물 몇 방울 길어올리는 멀고 예민한 길,
그 길 따라서 높이 올라가는 것은?
매화나 동백이나 수선화나 히아신스까지
모두 한마음으로 가는 목을 씻어가며
부활의 구석구석에서 깔깔 웃고 있구나.

나그네

　불란서 국민이 된 체코 사람이 불어로 쓴 소설을 영어로 번역한 책으로 읽으며, 1777년, 이름도 확실치 않은 한 남자와 한 여자가 하루 사이에 벌인 정사의 장면에서, 옷을 빨리 벗기가 힘들었다는 그 시대의 사랑 만들기를 읽다가―5월 하순의 보스턴, 매사추세츠의 야외 카페에는 봄 햇살이 많이 섞여 있는 코렐리의 음악이, 커피와 과자를 점심 삼아 먹고 있는 내 게으름을 쓰다듬어 주었다.

　요즈음에는 그대 눈동자가 보이지 않는다.
　가까이 다가가도 보이지 않는다.
　어두운 곳에서는 커지고
　밝은 데서는 작아지는
　둘러싼 미소도 보이지 않는다.
　장미의 뼈가 고개를 숙인 채
　차가운 변장의 가시를 키우고
　옛날 사람같이 무거운 이론으로
　이방의 날들은 시작된다.
　체코 사람이건 한국 사람이건
　사람들은 자라면 고향을 떠난다.

생음악같이 한 소절씩 흩어지면서
폭설보다 더 춥고 먼 길을 떠난다.

들꽃의 묵시록

1

일 년 만에 사도 요한이
깊은 바위 동굴에서 나온다.
에게 해협의 파트모스 돌섬,
햇살은 예년같이 따뜻하다.

너무 늙어 앞이 잘 보이지 않는다.
받아놓은 빗물을 한 잔 마시고
서로 사랑하라고 손을 흔든다.
예수가 죽은 지도 오래되었는데
돌길을 천천히 걸어가면서
흩날리는 저 백발은 무슨 뜻인가.

2

요한이 풍랑의 목선에 띄워 보낸
일곱 교회에 보낸 편지가 도착했다.
오랜 바닷길을 흘러온 말의 그림자,
벌칙과 순서와 가설에 찢겨진 채
사랑과 고통의 진심이 잘 보이지 않는다.

파도 높은 수평선도 잘 보이지 않는다.

3
신약의 묵시록을 썼다는 요한의 동굴,
물 한 잔 돌상 위에 얹어놓은 채
희랍 정교의 젊은 신부가 졸고 앉았다.
검고 긴 모자를 눌러쓴 해맑은 얼굴에
어려운 꿈의 幻視가 간단하게 그려 있다.
돌층계 수십 개 딛고 굴 밖으로 나오니
섬에 사는 바람이 얼굴을 씻어주고
흔적으로 모여 있는 들꽃들이 몰려와
서로 사랑하라고 목소리 죽여 속삭인다.
파도 소리 때문에 꼭 누구의 말이었는지
내 두 다리 떨게 하던 그 목소리의 무늬,
진하고 뜨거운 들꽃만 흔들리고 있었다.

첫날 밤

일시 귀국을 마치고 돌아온 첫날 밤,
지구 반 바퀴의 시차 때문이었겠지만
새벽 세시에 잠이 깨었다.
밖에는 빗소리 부산하게 들리고
다시 잠들지 못하는 몇 시간,
밤이 어둡고 무겁게 나를 짓눌렀다.
내일 당장 돌아가서 살고 싶다는,
이제는 그만 끝내고 싶다는
늙어가는 내 희망을 짓눌렀다.

그랬었다, 내가 처음 외국에 도착했던
삼십 년 전 밤에도 비가 왔었다.
사정없는 외국의 폭우가 무서워
젊은 상심이 오금도 펴지 못하고
어두운 진창 속에 던져 버려졌었다.
그렇게 비가 내리고 있었다.
당신을 포기하던 첫날 밤에도
나는 갈 길을 찾지 못하고 술을 마셨다.

시간이 타고 있는 불 속에 뛰어들어야

내 불을 끌 수 있으리라 믿고 있었다.
화상의 역사를 다 가릴 수는 없었지만
이제는 맨 마지막 장을 뒤집어야 할 때.
푸르던 유혹은 창밖으로 날아가고
시차를 넘어서는 한 사내의 방황을 찾아서—

그레고리안 성가 1

새벽부터 장대비 내리는 휴일,
오래 계획했던 일 취소하고
한나절 그레고리안 성가를 듣는다.
장엄하고 아름다워야 할 합창이
오늘은 슬프고 애통하게만 들린다.
창문을 열면 무거운 풍경의 언덕으로
억울하게 참고 살았던 혼들이 떠나고
그 몸들 다 젖은 채 초라하게 고개 숙인다.
그래서 사랑하는 이여, 이제 포기하겠다,
당신이 떠나는 길이 무슨 순명이라고 해도
라틴어로도, 또는 어느 나라 말로도 거듭
용서해달라는 노랫말이 아프기만 하다.

그레고리안 성가 2

저기 날아가는 나뭇잎에게 물어보아라,
공중에 서 있는 저 바람에게 물어보아라,
저녁의 해변가에는 한 사람도 없었다.
갈매기 몇 마리, 울다가 찾다가 어디 숨고
생각에 잠긴 구름이 살 색깔을 바꾸고
혼자 살던 바다가 부끄러워 얼굴을 붉혔다.

해변에 가서 그레고리안 성가를 듣는다.
파이프 오르간의 젖은 고백이 귀를 채운다.
상처를 아물게 하는 짜가운 천국의 바다,
밀물결이 또 해안의 살결을 쓰다듬었다.
나도 낮은 파도가 되어 당신에게 다가갔다.
시간이 멈추고 석양이 푸근하게 가라앉았다.
입 다문 해안이 잔잔한 꿈을 꾸기 시작했다.
나도 떠도는 내 운명을 원망하지 않기로 했다.

그레고리안 성가 3

중세기의 낡고 어두운 수도원에서 듣던
그 많은 총각들의 화음의 기도가
높은 천장을 열고 하늘을 만든다.
하늘 속에 몇 송이 연한 꽃을 피운다.
아름다운 것은 언제나 멀고 하염없었다.
전생의 예감을 이끌고 긴 차표를 끊는다.
번잡하고 시끄러운 도심을 빠져나와
빈 강촌의 햇살 눈부신 둑길을 지난다.
미루나무가 춤추고 벌레들이 작게 웃는다.
세상을 채우는 따뜻한 기적의 하루,
얼굴 화끈거리는 지상의 눈물을 본다.

가을에 대한 의견

아, 이 어마어마한
하느님의 얼굴 좀 봐.
수억으로 흔들리는 점묘파 그림.
사는 것은 꿈이고
죽는 것은 꿈에서 깨어나는 것이라며
멀리 떠나는 정신 나간 나뭇잎.

매일 색깔을 바꾸느라 밤잠 설치는
저 하느님의 얼굴 좀 봐.
두 개의 직선은
면적을 만들지 못하고 떠난다.
헤어지지 않는 인연은 없다.
자유롭기 위해서 마지막 고집을 모아
겨울의 외로운 병사를
찾아가는 나뭇잎.

창경궁 편지

지난 가을, 나흘 동안 일시 귀국을 했었습니다.
산소에도 못 가고 햇살 넓은 금요일 아침,
40년 만에 정문으로 창경궁에 들어갔었습니다.
입장권 7백 원, 오랜만에 혼자서 걸었습니다.
가슴 메게 아버님, 당신이 보고 싶었습니다.
정성 들여 세우신 그 어린이헌장비를 찾아서
식물원 쪽을 뒤지다가 결국 찾지 못했습니다.
지난 세월은 너무 긴 시간이라 풀숲에 덮이고
죄송하고 암담해서 어깨 늘어뜨리고 걷는데
산수유, 느릅나무, 말채나무, 산사나무, 황벽나무,
귀룽나무, 때죽나무, 미선나무, 자작나무, 서어나
무……
비슷하게 생긴 나무들이 이름표를 달고 줄 서서
오랜만이구나, 반갑다, 오랜만이구나, 반갑다, 하데요.
배고팠던 한국전쟁 중에는 버찌를 따 먹으러
저기 창경원 담을 매일 내 집같이 넘나들었지요.
이 나무숲에는 인민군 고사포 부대가 있었구요.
기억력 좋은 나무들이 금방 나를 알아보더군요.
흐뭇하게 어린 몸이 되어 걸어오는 반대편
한 떼거리 유니폼 입은 어린이들이 오고 있었어요.

초등학교 일, 이학년쯤일까, 선생님을 따라서
무슨 노래를 신나게 합창하는 여울 고운 물,
보셔요, 아름이, 상진이, 누리, 우경이, 또
시내, 은혜, 보람이, 진우와 희원이, 상민이……
아버님, 그 안에서 문득 당신 모습을 보았습니다.
당신이 공기같이, 물방울같이 밝게 떠올랐습니다.
거기 계셨군요, 이 근처 어디 계시리라 믿었었지요.
당신은 살아서 맑은 어린이들 눈동자에 계시고
어린이헌장비는 창경궁 어디에나 다 있었습니다.
오래 찾아뵙지 못해도 외로워하지 않으신
아버님, 여전히 단정하신 모습이 보기 좋았습니다.

바다의 집

1
바다의 전신이 밤에도 보인다.
한세월 떠돌다가 돌아온 후에
내가 들었던 가늘고 수줍은 한마디,
해안의 모래가 더 부드럽고 따뜻해
보이지 않는 어두운 공기 속을 헤맨다.
오래된 언덕이 낮아지고
죄지은 손이 용서받는다.

2
생각에 잠긴 늦은 아침나절,
벗은 몸을 반쯤 가리고 누운
바다의 나신을 껴안고 싶다.
화가 듀피의 아네모네같이 가볍게
돛단배보다 큰 나비가
바다보다 큰 꽃잎에 앉는다.
나비의 무게로 출렁거리는 바다의 집,
바다 비린내 몇 개 증발해서
장난감 같은 구름을 하늘에 남긴다.

3

오늘은 여느 날보다
수평선이 더 굵어졌다.
바다의 뒤뜰에서는
비가 내리는 모양이지.
편안하던 물결이 해안에만 오면
왜 그리 움츠리고 껴안기만 하는지.
바다도 기억력이 좋다는
파도의 작은 변명,
낯선 풍경에서
낯익은 당신이 보인다.

제2부

두렵고 떨리는 마음으로*

봄밤에 혼자 낮은 산에 올라
넓은 하늘을 올려보는 시간에는
두렵고 떨리는 마음으로
별들의 뜨거운 눈물을 볼 일이다.
상식과 가식과 수식으로 가득 찬
내 일상의 남루한 옷을 벗고
두렵고 떨리는 마음으로, 오늘 밤,
별들의 애잔한 미소를 볼 일이다.

땅은 벌써 어두운 빗장을 닫아걸어
몇 개의 세상이 더 가깝게 보이고
눈을 떴다 감았다 하며 느린 춤을 추는
별밭의 노래를 듣는 침묵의 몸,
멀리 있는 줄만 알았던 당신,
맨발에, 두렵고 떨리는 마음으로.

* 신약 빌립 비서 2장 12절

깨꽃

 헤어져 살던 깨알들이 땅에 묻혀 자면서 향긋한 깻잎을 만들어내고, 많은 깻잎 속에 언제 작고 예쁜 흰 깨꽃을 안개같이 뽀얗게 피워놓고, 그 깨꽃 다 보기도 전에 녹녹한 깨알을 한 움큼씩 만들어 달아주는 땅이여. 깨씨가 무슨 홍정을 했기에 당신은 이렇게 농밀하고 풍성한 몸을 주는가.

 그런가 하면, 흐려지는 내 눈에는 잘 보이지도 않는 꽃씨가, 어떻게 이 뒤뜰에 눈빛 환해지는 붉은 꽃, 보라색 꽃의 연하고 가는 피부를 만드는가. 땅의 염료 공장은 어디쯤에 있고 봉제 공장은 어디쯤에 있고 향료 공장은 또 어디쯤에 있기에, 흰 바탕에 분홍 띠 엷게 두른 이 작은 꽃이 피어 여기서 웃고 있는가.

 나이 들수록 남들이 다 당연하다며 지나치는 일들이 내게는 점점 더 당연하지 않게 보이는 것은 내 분별력이 흐려져가기 때문인가. 아무려나, 흐려져가는 분별력 위에 선 신비한 땅이여, 우리가 언제 당신 옆에 가면 그때부터는 당신의 알뜰한 솜씨를 다 알아볼 수 있겠는가. 흙이 꽃이 되고 흙이 깨가 되는 그 흥겨운 요술을 매일 보며 즐길 수 있겠는가.

  늘어만 가던 궁금증이 하나씩 해결되는 깨알 같은 눈뜸이여, 나는 오늘도 깨꽃 앞에 앉아 아른거리는 그 말을 기다리느니, 어느 날 내 몸도 깨꽃이 되면 당신은 내 말과 글이 드디어 향기를 가지게 된 것을 알 수 있겠는가. 부르고 싶었던 노래를 찾아 헤매던 날들은 지나고 드디어 신선한 목숨이 된 나를 알아볼 수 있겠는가.

열매

비엔나 오페른 링의 시월 저녁,
걸어가는 가늘고 낮은 바람 사이로
한 나그네가 다른 나그네를 알아본다.

철새도 아닌 새들까지 다 어디로
부산하게 떼지어 날아가버리는 시간,
아무 이야기라도 눈자위를 적시고 마는
낯 모를 골목길을 오래 헤매면서도
나는 아무런 설명이 필요하지 않았다.

어느덧 꽃과 나비의 세월 다 지나고
마지막 떠나는 새들에게 먹히기 위해
더 진한 색깔로 하나씩 열매를 장식하는
그림자도 지워버린 나무의 지혜여.
천하가 도도히 헛것으로 향해 간다는
음침한 소문 속에서도 열매를 익힌다.

혹은 환갑을 한두 해 남긴 김광규 시인이
혼자 장바구니 든 채 고개 숙이고 걸어가는
오페른 링의 길고 미지근한 저녁 미소가

내게는 하나도 외로워 보이지 않았다.

외로워 보이지 않았다, 열매의 땀방울이여,
욕심을 버리려고 몸을 터는 이 계절의 나무,
부를 수 있는 이름은 영원한 이름이 될 수 없고
보이는 몸은 영원한 몸이 될 수가 없다.

다른 바다

다른 바다를 찾아가리라.
해안선에 줄 서 있던 소나무는
해풍의 소금기에 장님이 되고
바다가 아직 살아 있느냐고 묻는다.
방조제가 깔리고 네가 떠나고
열에 들뜬 파도 소리가 떠나고
나이 들어 자주 깨는 밤에는
바다가 아직 살아 있느냐고 묻는다.

다른 바다를 찾아가리라.
젊어서 수줍게 들었던 첫 뱃길은
착각처럼 어둡게 사라지고
짙은 바다 안개만 주위를 감싼다.
옷 벗은 정적이 따뜻하다.
어렵게 팔을 벌리는 소나무,
바다가 살아 있다고 몸을 굽힌다.

이별

1

안녕히 가세요.
곧 따라가겠지요.
몸은 비에 젖은 땅에 묻고
영혼은 안 보이는 길 떠나네.
나보다 몇 살 위의 代子님,
자주 만난 날들이 맑은 빗물 같애.
공중에 어리는 가벼운 길 떠나면서
퍼붓는 빗속에 남는 이름들,
안녕히 가세요, 희미하게
가는 길 지우면서 비가 쓰러지네.

2

침묵만 남기고 돌아선 자리,
은밀한 회한의 냄새를 지운다.
누구의 잘못을 가려 무엇 하랴.
남은 시간의 사면이 다 어두워
돌이켜 찾아도 보이지 않는,
생활에 젖은 옷이 흰빛으로 마른다.

망각의 날개 되어 머리 위로 떠오른다.

인연은 한 번밖에 오지 않는다지?
미열을 털어버린 도시의 중심에서
촉촉한 빈혈의 얼굴이 돌아선다.

춘천 가는 길

1

날씨 때문에 호남 쪽 여행을 취소하고
친구 넷, 하룻밤 아무 데나 가자며 떠난
늦은 오후의 춘천 가는 길.
이 낮은 산이 저 낮은 산으로 이어지고
산과 산 사이를 다듬어 채우는 비안개,
산 밑을 따라가는 강줄기 사이에서
구질스런 풋정만 신음 소리를 내는구나.
옛날인가, 아버지의 산소도 지나온 지 오래고
경춘선 정도의 기차가 동행의 기적을 울리네.
내 친구 의사 짐에게는 흥겹게 캠프 케이지로 가는 길,
오래 구겨진 몸으로 춘천 가는 길.

2

안녕하세요, 당신
몇 장의 바람이 우리를 지나간 뒤에도
상수리나무는 깊이 잠들어 코 고는 소리를 내고
우리도 그렇게 태평한 하룻밤을 가지고 싶네요.
돌아다보면 지나온 길은 누구에게나

어렵고 몸 저리는 아픔이겠지만
낯선 풍경 속에서 아직도 서성거리는
안녕하세요, 당신
그 어디쯤, 생각과 생각 사이의 공간에서
귀를 세우고 우리들의 앞길을 엿듣고 있는
같은 하늘 아래 근심에 싸인 당신,
당신의 탄식이 문득 우리를 불 밝혀주네요.
너에게 주노라, 세상이 알 수도 없는 평화를——
너에게 주노라, 너에게, 세상이 알 수도 없는,

겨울 묘지

피붙이의 황량한 묘지 앞에 서면
생시의 모습이 춥고 애잔해서
눈 오시는 날에도 가슴 미어지는구나.

살고 죽는 것이 날아가는 눈 같아
우리가 서로 섞여서 어디로 간다지만
그 어려운 계산이 모두 적멸에 빠져
오늘은 긴 눈발 속에 아무도 보이지 않네.

무슨 소식이라도 들을까 두 손에 눈을 받아도
소식 한 장 어느새 눈물방울로 변하고
귀에 익은 침묵만 미궁의 주위를 적시네.

내 눈이 공연히 시려오는 잿빛 하늘
눈이 와서 또 쌓여서 비석까지 덮는다.
움직이는 슬픔이 움직이지 못하는 슬픔을 만나
깨끗한 무게로 서로를 달래주는구나.

그렇다. 우리는 도저히 헤어지지 않는다.
네 숨결은 묘지 근처의 맑고 찬 공기,

하늘이 더 낮게 내려와 우리는 손을 잡는다.
어느새 눈이 그치고 바람이 자고 우리가,

잡담 길들이기 4

 세상의 모든 물질은 얼면 무거워진다. 마음이 얼어서 무겁게 가라앉는 사람. 얼면서 가벼워지는 것은 물뿐이다. 물은 얼음의 고체가 되면서 부피가 팽창하고 그렇게 물보다 가벼워진 얼음이 물 위에 떠주어서, 지구에는 생물이 살게 되었다. 겨울에 강물이 얼어 수심으로 가라앉았다면, 그 얼음 차츰 강을 메워 물고기들은 다 죽고 인간의 시작도 없었겠지. 물보다 가벼운 얼음이 우리를 이 땅에 살 수 있게 해주었다.

가벼워져야 산다.
빈 터를 채우는 당신의 물로
그늘도 단단하게 팽창하고
우리는 쉽고 가볍게 만난다.

옛날에도, 요즈음에도
중동의 모래벌판에서도
하나 있는 목숨까지 주어버려서
한없이 가벼워진 몸으로 떠다니면서
밤이슬의 물기까지 닦아주는 이,
너는 무겁지 않으냐고 묻는다.

깊은 물에 잠겨 숨겨버리지 않고
물 위에 떠서, 땅 위에 서서
오래도록 숨쉴 수 있겠느냐고
귀찮게 자꾸만 내게 묻는다.

잡담 길들이기 5

 아프리카 세렝게티 초원의 우산아카시아 나무 밑에서 태어났다. 서너 달도 못 되어 같이 난 형제들은 다 굶어서 죽고, 두 살이 넘자 무리에서 쫓겨나 혼자가 되었다. 배가 고프면 피의 사냥을 하고 밤에는 초원에 엎드려 별들을 올려보았다. 그렇게 10년이 지났다. 가족을 지키고 암컷이 사냥한 짐승들을 먹으면서 이가 빠지기 시작했다. 이 빠진 사자는 싸움도 사냥도 할 수 없어, 무리의 천대의 눈길을 피해 가족을 떠났다. 배가 고파서 지쳐 누운 우산아카시아 나무 그늘에도 그 밤이 왔다. 하늘에는 별이 총총하고 낑낑대며 사자를 에워싸는 하이에나들의 눈이 파랗게 빛을 내기 시작했다.

 많은 별들이 땅에 내려와
 같이 놀면서 노래 불러주었다.
 죽음의 순간은 허기의 축제인가,
 얼룩말의 눈물도 잠시 스쳐가고
 멧돼지의 마지막 경련도 보였지만
 많은 짐승들 잡아먹은 인과로
 짐승에게 먹히는 사자의 이별,
 흥건히 흐르는 자기 피에서도

같은 냄새가 나는 것이 신기했다.

사자는 세렝게티 초원에서 나고
같은 초원에서 그런 밤에 죽었다.
사람만은 가끔 자기가 난 곳과는 먼
딴 나라에 기서 오래 외로워하다 죽는다.
그렇게 20년, 30년이 지났다.
아무것도 변한 것이 없었다.
사자는 세렝게티 초원에서 나고 또 죽고
사람들은 자꾸 딴 곳으로 떠났다.

들불의 율동
—잭슨 폴락 전시회

많이 아프다는 것이 이런 것이구나.
아픈 것보다 더 아픈 것보다 더 아픈,
황홀하고 어지러운 밤낮의 취기에서
뛰어나가 헤매며 머리 부딪혀 피 흘리는
맹목의 밤벌레의 울음처럼, 착각처럼
허기져서 목숨 털어내는 날개들의 춤.
한순간에 타 죽어버리는 순교의 폭발처럼
뜨거운 열망의 거부처럼, 절망의 혼돈처럼
너무도 대상이 없는 도시를 채워가는 길.
어려운 길들의 생애처럼, 버려진 기도처럼
그 길에서 떨어져내린 침묵처럼, 우수처럼
별들이 환한 밤에는 두 손에 느껴지는 네 몸,
숨어 사는 작은 꽃의 소용돌이 흐트러짐.
내일은 또 다른 색깔의 아픔이라고 했던가,
누워 있는 넓은 화폭에 다시 붙는 이 불!

겨울의 기쁨

큰 절의 풍성한 지붕을 따로 부르던 이름이 있었지.
이름도 지워진 채 서까래마다 때 묻은 눈을 이고
속세를 떨쳐버리지 못한 축축한 어깨의 곡선으로
하늘을 향하는 이마가 쓸쓸해 내 몸이 더 춥더구나.

의젓한 불상들로 만원이 된 대웅전 삼면에는
아무리 둘러보아야 나 같은 떠돌이는 하나 없고
차가운 나무 바닥이 발목 시리게 전하는 말도
금빛으로 웃고 있는 불상의 낮고 굵은 말소리도
나는 한마디 알아듣지 못한 채 얼굴만 붉히느니
먼지 덮어둔 내 죄를 털어내는 풍경 소리에 놀라
이승의 현기증으로 주위가 더 젊어 보이더구나.

늙어가는 친구들과 어깨 움츠리며 사진 한 장 찍고
  그렇지, 사진에나 보이는 부처님 한숨 소리나 들으면서
  그 한숨 다 끝나기도 전에 큰 바다를 다시 건너리.
  이제 언 손 녹이며 내 죽음의 한 쪽을 놓아야 할 시간,
  쓰레기가 되지 않도록 거기 느린 진혼곡 하나를 덮으리니

언제 다른 한 쪽의 죽음이 힘들게 이 추운 산에 찾아와 둘이서 얼싸안고 죽음의 기쁨을 완성할 때까지,

그 기쁨이 얼어 있던 겨울 눈 녹이고 긴 춤을 끝낼 때까지,

잘 있거라, 꺾어진 뼈들이 모여 기쁨의 인사를 나눌 때까지.

추운 날의 질문

그러면 나는 이제 누구인가.
겨울바람에 피부가 터진
말채나무가 대답도 없이 웃는다.
꿈꾸는 사람은 행복하다.

환갑 넘은 바람 몇 개가 일어나
꿈에서 깨어나지 않은 게으른 열매도
행복하게 잘 살고 있는 것이라며
낮은 하늘을 흔들어댄다.

이 추위를 보내면 한 세월이 가고
하얀 말채나무 꽃이 온몸을 덮는다니
그때면 내 뼛속에 감추었던 우수의 철책 거두고
정처 없던 긴 여행을 마무리해야지.

늙은 새 한 마리가 날갯짓 멈추고
얼어버린 하늘을 겨우 넘어가는가,
하늘이 늙은 새를 안아주고 있는가.

그러면 나는 이제 누구인가.

완전하다는 것도 분명하다는 것도
빈 말채나무에서는 보이지 않고
맑고 푸르른 유혹의 발걸음이
겨울이 끝나는 날처럼 따뜻하구나.

저녁 풍경화

1
추우시지요, 어머니
여든을 훨씬 넘기신
앙상한 어깨에 손 얹으면
숨 멎듯이 내 목에 차오는 냉기,
어머니는 먼 네 눈길 보내시며
환갑 넘은 아들의 손을 쓸어주신다.
여기 오지 말았어야 했는걸.
해는 벌써 저만치에 지고
가슴 아픈 새가 가지를 떠난다.
일어나세요, 너무 늦었습니다.
힘없이 고개 숙이시는 작은 떨림.

2
떠나지 말았어야 했나,
정말 참고 견뎌냈어야 했나,
매질과 욕질에 질리지 말고
그냥 당하고 삼켜버렸어야 했나.
실망과 모멸감과 억울함보다

나라와 친구가 중하다는 것을
내가 그때 정말로 몰랐던 것일까.

세월은 참 빨리도 갔네요, 어머니
저기 또 내가 몰랐던 일몰의 장엄,
아, 내가 진정으로 몰랐던 것—
눈에 보이지 않는 세상이 내게 주는
따뜻한 당신의 눈물 한줄기.

날아다니는 사슴

사자에게 쫓기다가 다리 물리고
눈을 뜬 채 통째로 뜯어 먹히는
사슴의 아픈 눈을 TV로 보다가
사슴의 죽은 눈을 감겨주다가
잠이 오지 않는 날은 밤이 환하고,

너른 평원에는 잔인한 짐승들 우짖고
사자에게 쫓기던 사슴 한 마리가
갑자기 머리 치켜들고 날아오른다.
사슴 한 식구가 공중에 날아오른다.
날아라 사슴, 눈부신 가벼움.

강한 것이 약한 것을 잡아 죽인다는
사나운 세상의 공식을 넘어서 살아라.
날아가버려라, 오늘날의 사슴아
사람이 사람을 죽이는 이 땅에도
고운 꽃 피는 이유를 왜 모르겠느냐,
날아다니는 사슴의 눈물 고인 길 따라
나는 너무 먼 곳을 돌아왔을 뿐이다.

간절한

살아 있는 말 몇 마디 나누고 싶어서
날씨처럼 흐릿한 집착이 몸 녹일 때도
너는 이 땅 위에서는 보이지 않고
창밖에는 어디서 보내온 반가운 소식,
간절한 눈발이 눈 시리게 하누나.

주위의 집들이 다시 숨기 시작하고
젊은 나무들이 앞장서 걸어나온다.
세상에 떠다니던 모든 간절한 것들은
피곤하게 젖은 마음을 눈 위에 눕힌다.
네 모습은 아무리 더듬어도 만져지지 않고
나도 체온을 내리고 부서져 몸을 눕히랴.

누워서도 간절한 바람 소리 들리냐,
바람에 섞여 오는 진한 목소리 들리냐,
나도 멀리에 떨어져 살고 싶지 않았다.
언제 추위를 이겨냈다는 신호등 켜지고
해석하기 어렵게 지워진 이승의 주위,
간절한 것 몇 개 남아 떠날 차비를 한다.

호박 같은

 한평생을 이렇게 살기 위해 내가 여기에 집을 짓고 가지를 친 것이었나. 호박은 한여름 잎을 키우고 꽃을 피우려고 휴가도 못 가고 말았지만, 작은 애호박이 몇 개 생기고부터는 힘든 주름살도 보이기 시작했지. 잎들은 해종일 엽록소를 깔아놓고 햇볕을 받아 영양의 유기물을 만들고, 뿌리는 어깨가 휘도록 물을 길어올리고 무기물을 사들여 애호박을 먹였지. 내 새끼를 위하여, 호박 속의 내 씨를 키우기 위하여, 내가 다시 그 안에서 살아나기 위하여, 그래?

 호박이 점점 커가면서는 더 많은 영양과 돈과 정성이 필요했지. 내 새끼를 잘 먹이고 남보다 뛰어나게 키우려다가 뿌리는 힘이 삭아져 땅에서 버림받고, 호박 잎도 허리 굽게 일만 하다가 치매에 걸려서 헛소리를 뱉어내는 가을, 말라 죽어가는 호박 뿌리와 줄기와 잎은 탐스럽게 자라는 몇 개의 자식을 보면서 호박 같은 미소를 지으면서 숨을 거두었지. 내가 저 안에서 다시 살아난다고, 저 호박이 내 생애의 다른 모습이라고, 다음 우주의 내 영광이라고, 그래?

호박 같은 삶을 위해 내가 자식을 키운 것이 아니라고 결심하지만, 착각이여, 숨길 수 없는 착각이여. 죽은 잎과 뿌리의 호박씨가 다음 해에 큼직한 호박이 된다고 해도 그 누가 우리에게서 자란 그 호박이라는 것을 알 수 있겠는가. 노랗거나 붉거나 싱겁거나 달거나 혹은 크고 작은 크기를 말한다면 몰라, 김씨나 이씨나 박씨 성을 가진 것이, 또는 어느 지방, 어느 문중 호박이라는 것이 도대체 무슨 상관이겠는가. 밖으로 뛰쳐나갔다가 며칠도 못 가서, 비실대며 씁쓸한 기분으로 돌아오는 호박 같은 내 생시의 궤도여.

 당신이 호박이었듯이 당신이 힘들여 키운 자식도 호박이고 남들이 키운 자식도 호박이다. 당신의 친구도, 친척도, 어제 잠시 스쳐간 사람도 모두 호박이다. 어느 종갓집 외동호박 씨도 호박 이상의 것을 만들어내지는 못한다. 어느 씨는 이유 없이 먹혀 없어지고 누구의 씨는 다행히 수십 년 호박을 만들지 몰라도, 호박 같은 날들을 호박같이 푹석거리며 남의 호박이 내 호박과 똑같은 호박이라는 것을 확실히 알 때까지, 그 아무 호박도 속속들이 다를 것이 없다는, 호박 같은 진실을 확인할 때까지는.

제3부

開心寺

구름 가까이에 선 골짜기 돌아
스님 한 분 안 보이는 절간 마당,
작은 불상 하나 마음 문 열어놓고
춥거든 내 몸 안에까지 들어오라네.

세상에서 제일 크고 넓은 색깔이
양지와 음지로 나뉘어 절을 보듬고
무거운 지붕 짊어진 허리 휜 기둥들,
비틀리고 찢어진 늙은 나무 기둥들이
몸을 언제나 단단하게 지니라고 하네,

절 주위의 나무뿌리들은 땅을 헤집고 나와
여기저기 산길에 드러누워 큰 숨을 쉬고
어린 대나무들 파랗게 언 맨손으로
널려진 자비 하나라도 배워보라 손짓하네.

침묵은 금이라구?

침묵은 금이라는 금언을 되새기면서
그해에 나는 가슴 깊이 금광을 하나 넣고
무서운 법이 많았던 내 나라를 떠났어.
침묵은 금이라니까 나도 한번 빛나고 싶어
어둡던 사람들 피해 밖으로 나돌면서
압박과 설움에 뒤엉키고 기어올랐어.

침묵은 금이고 틀림없는 것이라니까
참 오랫동안 금광의 큰 가슴만 믿고
누가 뭐라고 해잘거려도 나는 침묵했어.
내 꿈이 매 맞고 발길질당했던 시절,
가엾게 질려버린 청춘을 던져주고 받은
침묵이 금이라는 무슨 공맹자 말씀!

그 금광이 폐허가 된 것을 알아버린 때는
길어진 방황, 나라 밖의 세월이 물경 35년 후,
금광이 너무 오래 가슴에 묻혀서였나,
숨통이 막혀서였나, 침묵은 아직도 금이라구?
맑은 새소리도 운치의 풍경도 사라진 폐광,
가슴속의 금광은 큰 구멍 하나로 남고

나는 자주 빈 기침만으로 아침을 맞는다.

상처 1

1
내가 어느덧
늙은이의 나이가 되어
사랑스러운 것이 그냥
사랑스럽게 보이고
우스운 것이 서슴없이
우습게 보이네.

젊었던 나이의 나여.
사고무친한 늙은 나를
초라하게 쳐다보는 이여.
세상의 모든 일은 언제나
내 가슴에는 뻐근하게 왔다.
감동의 맥박은 쉽게 널뛰고
어디에서도 오래 쉴 자리를
편히 구할 수가 없었다.

2
그렇다. 젊었던 나이의 나여,

평생 도망가지 못하고 막혀 있는
멀리 누워 있는 저 호수도
물풀의 나이를 먹어가고 있다.
오래 짓누르던 세월의 불면증을
몇 번이나 호수에 던져버린다.
머리까지 온몸이 젖은 채로
잠시 눈을 뜨고 몸을 흔든다.
연한 속살은 바람에 씻겨
호수의 살결이 틈틈이 트고 있다.

3
어디였지? 내가 어느덧
늙은이의 나이가 되어
호수도, 바람도, 다리도
대충 냄새로만 기억이 날 뿐,
아무도 없는 곳에서 가끔
귓속의 환청의 아우성,
아무도 우리를 말릴 수 없다는
상처의 나이의 아우성.

상처 2

오래 먼 숲 헤쳐온 피곤한
상처들은 모두 신음 소리를 낸다.
산다는 것은 책임이라구,
바람이라구, 끝이 안 보이는 여정,
그래. 그래 이제 알아들을 것 같다.
갑자기 다가서는 가는 바람의 허리.

같이 있어도 같이 있지 않고
같이 없어도 같이 있는, 알지?
겨울밤 언 강의 어둠 뒤로
숨었다가 나타나는 숲의 상처들.

그래서 이렇게 환하게 보이는 것인가,
지워버릴 수 없는 그해의 뜨거운 손
수분을 다 빼앗긴 눈밭의 시야,
부정의 단단한 껍질이 된 우리 변명은
잠 속에서 밤새 내리는 눈먼 폭설처럼
흐느끼며 피 흘리며 쌓이고 있다.

어느 날 문득

어느 날 문득 뒤돌아보니까
60년 넘긴 질긴 내 그림자가
팔 잘린 고목 하나를 키워놓았어.
봄이 되면 어색하게 성긴 잎들을
눈 시린 가지 끝에 매달기도 하지만
한세월에 큰 벼락도 몇 개 맞아서
속살까지 검게 탄 서리 먹은 고목이.

어느 날 문득 뒤돌아보니까
60년 넘은 힘 지친 잉어 한 마리
물살 빠른 강물 따라 헤엄치고 있었어.
정말 헤엄을 치는 것이었을까,
물살에 그냥 떠내려가는 것이었을까.
결국 어디로 가는지 묻지도 못한 채
잉어 한 마리 눈시울 붉히며 지나갔어.

어느 날 문득 뒤돌아보니까
모두 그랬어, 어디로들 가는지.
고목이나 잉어는 나를 알아보았을까.
열심히 산다는 것이 무엇인지도 모르고

뚝심이 없었던 젊은 하늘에서
며칠내 그치지 않는 검은색 빗소리.

길

높고 화려했던 등대는 착각이었을까.
가고 싶은 항구는 찬비에 젖어서 지고
아직 믿기지는 않지만
망망한 바다에도 길이 있다는구나.
같이 늙어가는 사람아,
들리냐.

바닷바람은 속살같이 부드럽고
잔 물살들 서로 만나 인사 나눌 때
물안개에 덮인 집이 불을 낮추고
검푸른 바깥이 천천히 밝아왔다.
같이 저녁을 맞는 사람아,
들리냐.

우리들도 처음에는 모두 새로웠다.
그 놀라운 처음의 새로움을 기억하느냐,
끊어질 듯 가늘고 가쁜 숨소리 따라
피 흘리던 만조의 바다가 신선해졌다.

나는 내가 살아 있다는 것을 몰랐다.

저기 누군가 귀를 세우고 듣는다.
멀리까지 마중 나온 바다의 문 열리고
이승을 건너서, 집 없는 추위를 지나서
같은 길 걸어가는 사람아,
들리냐.

다시 찾을 때까지

1
인터넷으로 고국 소식을 본다.
김 대통령과 김 위원장이 손을 맞잡고
어느 나라 말을 하는지는 들리지 않고
이번에는 헤어진 내 가족을 만나겠느냐고
50년 기다린 시든 노인이 울먹인다.
암, 만나야지, 이번에는 꼭 찾아야지.
한여름에도 발이 시려와서
오래된 목양말을 찾아 신는다.

이상한 나라의 인터넷을 본다.
수십 년 가족과 헤어져 쓰러지는 사람들
그 노인들의 설움이 어설프지 않고
문학도 친구도 자식들도 떠난 화면,
눈이 흐릿해져서 고개를 돌린다.

2
그래서 혼자 남았구나.
중년을 지우면 노년이 곧 나온다.

피곤한 날개를 멈추는 인터넷
새보다 가벼운 날들이 지나간다.
그래서 혼자 남았구나.
보랏빛 꿀풀은 아침 안개가 되었다가
한낮에야 얼굴을 들고 꽃이 되겠지.
시들지 마라, 온몸에 핀 꽃
우리들의 얽힌 인연을 다 지날 때까지
시들지 마라, 계절이 지난 뒤에야
향기도 감추고 단정하게 일어나는 꽃.

목화밭에서

어둔 밤에 탐조등같이 신기한 빛 따라가면
늦가을 씨받이 목화밭이 될 것이다.
한 개의 초생달이 천 개 만 개로 늘어나는
비구상 구도의 밝은 목화야
부드럽고 연한 촉감이 큰 빛을 만드는구나.

나는 솜 하나 속옷 하나 만들지 못하는
평생을 분주하고 눈치 빠른 짐승,
찬 바람 조금 불어도 신음하는 피와
젖은 빗소리 한 번에 움츠러드는 살,
이악스런 핑계의 식솔은 항상 울어서
드넓은 네 곁에는 갈 시간도 없구나.

이제 나이 좀 들어 생각해보니
세상의 제일은 따뜻한 것이었네.
내가 항상 기대고 사는 편안한 당신이여
욕심이 사람을 시들게 한다지.
그 부드러운 흰색 불빛이 시든 목화밭이라니!
당신 이름을 부르면 부끄럽기만 하구나.

목화야 너와 만난 축복으로 여기 살 수 있겠냐
전설처럼 이제는 두 다리 뻗어 내리고
시린 어깨 감싸 쥐고 느슨해지고 싶다.
어린 날의 부드러운 몸 다시 가지고 싶다.
모든 감싸 안음과 연민의 따뜻함이여,
한세월의 목화가 되어 따뜻해지고 싶다.

청량한 이를 그림

저 큰 검정 새 떼가 멀리 날아올라
잠자리 떼같이 작아지고 다시
모기 떼같이 작아지고 다시
큰 검정 새 떼가 하나도 보이지 않는
하늘 텅 비어 보이는 그만한 거리에서
분명히 저기 있는 것이 하나도 안 보이는
그만한 짧은 거리에서 나를 늘 지켜보는
그 청량한 이를 안 보인다고 투정하네.

정확한 과학자로 살겠다고 결심한 나,
처음부터 내 눈과 귀는 형편없었군.
웅장하고 넓고 푸른 소나무 숲이
멀리 올라가 보면 풀밭같이 보이고
더 올라가 보면 개미 한두 마리.
그 개미까지 안 보이는 그 정도 거리에서
청량한 이 나를 조심해 불러주는 소리.
그 불러주는 소리 하나 안 들린다고
투정하고 돌아서버린 그만한 거리에서
글썽이며 나를 오히려 다독여주는 이.

몇백 광년의 빛의 속도를 계산해서
우주의 거리를 정확히 알아낼 수 있는
21세기의 선진국에서 과학 공부를 한
내 1.5 시력의 눈에 안 보이니까 없고
귀에 들리지 않아서 비껴 지나쳐버린
살아서 날아가며 노래하는 새의 5초 후부터
있는 것을 없다고 단정한 내 부끄러운 과학,
세상의 진짜는 대개가 어리석어 보이고
너무 간단해서 인기 없는 색깔들이지만
눈 병신, 귀 병신, 온갖 생각 병신의 나를
그래도 잊지 않았다고 나직이 불러주는 목소리.

내 집

물고기의 집은 물,
새들의 집은 하늘,
내 집은 땅, 혹은 빈 배.

물고기는 강물 소리에 잠들고
새들은 달무리에서 잠들고
나는 땅이 식는 몸서리에 잠든다.

평생 눈 감지 못하는 물고기는
꿈속에서 두 눈 감고 깊이 잠들고
잠자는 새들의 꿈은 나무에 떨어져
달 없는 한밤에 잠든 나무를 깨운다.
새들의 꿈에서는 나무 냄새가 난다.

내 집은 땅의 귀,
모든 소리가 모여서 노는
내 집은 땅의 땀,
물속에 녹아 있는
소금과 번민과 기쁨과 열 받기.
행복한 상징의 속살을 지나고

긴 산책에서 돌아오는

내 집은 땅, 지상의 배,
저항하는 지상의 파도에 흔들리는
내 집은 위험한 고기잡이배.

여름의 어른

내 아버지 저기 오신다.
나무 숲 사이로 웃으시면서
나를 향해 넘치게 오신다.

임종의 자리도 지켜드리지 못한
그리운 내 아버지 환하게 오신다.
두 눈 뜨거워져 어지러워진다.
참아왔던 새 말들이 쏟아져나온다.
아무리 소리쳐도 들리지 않는다.

내 아버지 나를 그냥 지나가신다.
돌아가신 후에도 자주 찾아뵙지 못한
쓸쓸한 내 아버지 지나가신다.
잡히지 않는 색깔의 작은 회오리 되어
부끄러운 내 낯을 씻어주시고
또 보자 한마디 귀에 넣어주시고
담백한 시력의 아버지 보이지 않는다.

뼈까지 모두 삭아버린 텅 빈 여름,
천둥 번개 지나가고 무지개 핀다.

아, 자꾸 졸립다, 졸립다.
내 아버지 산소 근처의 신기한 공기,
눈 위에 다가서는 무지개 두 개.

溫柔에 대하여

온유에 대하여 이야기하던
그 사람 빈집 안의 작은 불꽃이
오늘은 더욱 맑고 섬세하구나.
겨울 아침에 무거운 사람들 모여서
온유의 강을 조용히 건너가느니
주위의 추운 나무들 눈보라 털어내고
눈부신 강의 숨결을 받아 마신다.

말과 숨결로 나를 방문한 온유여,
언 손을 여기 얹고 이마 내리노니
시끄러운 사람들의 도시를 지나
님이여 누군가 어깨 떨며 운다.
그 겸손하고 작은 물 내게 묻어와
떠돌던 날의 더운 몸을 씻어준다.

하루를 마감하는 내 저녁 속의 노을,
가없는 온유의 강이 큰 힘이라니!
나도 저런 색으로 강해지고 싶었다.
불타는 뜬구름도 하나 외롭지 않구나.

늙은 비의 노래

나이 들면 사는 게 쉬워지는 줄 알았는데
찬비 내리는 낮은 하늘이 나를 적시고
한기에 떠는 나뭇잎 되어 나를 흔드네.

여기가 희미한 지평의 어디쯤일까.
사선으로 내리는 비 사방의 시야를 막고
헐벗고 젖은 속세에 말 두 마리 서서
열리지 않는 입 맞춘 채 함께 잠들려 하네.

눈치 빠른 새들은 몇 시쯤 기절에서 깨어나
시간이 지나가버린 곳으로 날아갈 것인가.
내일도 모레도 없고 늙은 비의 어깨만 보이네.

세월이 화살 되어 지나갈 때 물었어야지,
빗속에 혼자 남은 내 절망이 힘들어할 때
두꺼운 밤은 내 풋잠을 진정시켜주었고
나는 모든 것을 놓아버리고 편안해졌다.

나중에 사람들은 다 그렇게 사는 것이라고
안개가 된 늙은 비가 어깨 두드려주었지만

아, 오늘 다시 우리 가슴을 설레게 하는
빗속에 섞여 내리는 당신의 지극한 눈빛.

잠시 전에

잠시 전에 내 몸이었던 것이
땀이 되어 나를 비집고 나온다.
표정 순하던 내 얼굴들이
물이 되어 흘러내려 사라진다.
내 얼굴은 물의 흔적이다.
당신의 반갑고 서글픈 몸이
여름 산백합으로 향기로운 것도
세상의 이치로는 무리가 아니다.

반갑다. 밝은 현실의 몸과 몸이여,
아침 풀 이슬에서 너를 만나고
저녁노을 속에 너를 보낸다.
두 팔을 펼치면, 어디서나
기막히게 네가 모두 안아진다.
언제고 돌아갈 익명의 나라는
지금쯤 어디에서 쉬고 있을까.
잠시 전에 내 몸이었던 것 또, 떠나고—.

목련, 혹은 미미한 은퇴

1
젊은 봄날에 우리는
먼 외국에서 도착했다.
구식이 된 거리의 실내악,
집 잃은 사람은 구라파로 가고
목련이 구름처럼 피어 기가 질리던
그 계시의 영상을 믿기로 했다.

이사 온 나라는 달기만 해서
목련의 색깔은 더 엷어지고
시계 초침 소리는 더 빨라지고
나는 몸을 감추기 시작했다.
단번에 칼처럼 매워지고 싶었지만
정신 나간 목련은 계속 피면서 지고
여름이 되기 전에 맨발이 되었다.
나는 가벼운 물에 떠돌기 시작했다.

2
당신이 같이 걸어주어서

내 길이 얼마나 험했는지
나는 끝까지 모른다.

당신의 이마에서 눈과 목으로
가슴으로, 배로, 그 밑으로
상처 자국의 다리를 쓸어내려도
황막하게 슬프지 않은 곳 어디 있으랴,
젖어서 시리지 않은 곳 어디 있으랴.

지도를 펼쳐보면
기억 나니? 오래전
그 큰 나무 그늘에서 나를 부르던
미열의 연보라색 눈동자,
이제는 말하지 않아도
다 알 수 있게 되었다.
당신이 혹시 쉬고 있는 목성과 토성 사이.

오늘도 당신에게 가지 않았다.
아무리 울어도 표나지 않는
비 오는 날에 보는 목련꽃 벗은 몸.

3
평생을 어딘가에 취해 살았다.
행방이 묘연한 내 살림살이.
꽃을 먼저 피워 날리고 난 후에야
뒤늦게 나뭇잎을 만들어 달고
꽃씨 간직할 방도 마련하기 전에
아이들은 차를 타고 제각각
어색한 언어의 나라로 떠났다.

월요일에서 금요일까지
가까운 친구는 병이 들었고
일요일에는 낙엽이 날렸다.
낙엽은 나무의 눈물,
쌓인 눈물을 다 씻어낸 뒤에
당신에게 들어가 열매가 되었다.

4

> ─이다지도 좋을까, 이렇게 즐거울까! 형제들
> 모두 모여 한데 사는 일(구약 시편: 133).

새벽잠 없어진 것이야 나이 탓이겠지만
그래도 서둘러 내 잠 깨운 창 밖의 새는
누가 잃어버린 추운 인연일까.
나는 그래서 매일 아침 몸이 아팠다.

이제 내 짐도 내려놓고
내 하던 일도 내려놓는다.
앞이 보이지 않는 일상의 일탈,
국경의 저쪽에 당신 침묵이 보인다.
죽은 꽃나무 짊어지고 산정을 향하는
당신 연민의 옆얼굴이 밝아온다.

피 흘리는 미혼의 집에서
몸부림하던 문들이 열린다.
세상의 모든 아름다운 말과 글이

당신의 몸에 눌려 질식하고
땅과 바다는 다 걷혀 가버렸다.

한때 사람은 심장으로 생각했다.
그 시절에는 나도 가슴이 뛰었다.
기적같이 당신의 극치에 왔다.
세상에 필요한 단 하루의 아침에
내게 확신의 눈길 보내준 당신과 함께.

해설

이별, 혹은 축제의 표적

이광호

 이제 시인이 돌아왔다. 그러나 이 말은 시인의 사실적 생애와 완전히 일치하지는 않는다. 오랜 의사 생활에서 은퇴했다고 하지만, 그가 생애의 반을 넘게 바친 이민 생활을 끝낼지 나는 알지 못한다. 이런 전기적인 사실들이 그의 시에 우선하는 것은 아니다. 우리의 관심의 대상은 그의 이민 생활 그 자체가 아니라, 그 유랑의 정서가 보편적인 실존적 생 체험에 다다르는 시적 육화의 장면이다. 그의 시에서 표랑의 운명은 한 개인의 특수한 경험을 넘어서 삶의 근원적인 조건으로 드러난다. 물론 이런 점들이 마종기 시의 생산과 소통의 특수성을 무화시키지는 못한다. 시인의 일용할 양식이자 무기인 '모국어'가 변방의 외국어가 되는 이국에서 부쳐 온 시들은, 그 자체로 절실한 시적 상징이 되어왔다. 그의 시는 이른바 '문단'이라는 제도적 시스템의 바깥에서 거주하면서도 시가 어떻게 지속적으로 생

산될 수 있는가를 보여준다. 그러므로 '이제, 시인이 돌아왔다'라는 전언은 전기적 사실과는 다른 두 가지 문맥에서 설명될 수 있다. 우선 하나는 시인의 언어들은 그의 육체적 현주소와는 달리 늘, 언제나 모국어의 나라로 '돌아왔다' 혹은 '돌아오고 있었다'라고 말할 수 있다. 그의 모국어는 세계화의 현실 논리를 거슬러 회귀한다. 두번째, 이번 시집에서의 시적 화자는 현저히 '돌아온 자'의 시점에 서 있다. 그의 유랑자 의식은 그의 생물학적 나이에 걸맞은 생에 대한 추상(追想)의 시점에 도달한다. 우리는 여기서 표랑의 시간들을 호명하는 한 성숙한 유랑자의 시선과 만날 수 있다.

시인은 이번 시집의 맨 앞과 뒤에 꽃에 관한 두 편의 시를 배치한다. 이 두 편의 시는 이 시집에서 가장 아름다운 시에 속할 뿐만 아니라, 이 시집 전체의 시적인 전언을 함축하고 있는 것으로 보인다.

시들어 고개 숙인 꽃까지
따뜻하다.
임신한 몸이든 아니든
혼절의 기미로 이불도 안 덮은 채
연하고 부드러운 자세로
깊이 잠들어버린 꽃.

내가 그대에게 가는 여정도
따뜻하리라.

잠든 꽃의 눈과 귀는
이루지 못한 꿈에 싸이고
이별이여, 축제의 표적이여.
애절한 꽃가루가 만발하게
우리를 온통 적셔주리라.　　　　　──「축제의 꽃」 부분

　이 시는 마종기 시의 지배적인 미학과는 조금 비껴나 있다. 우선 하나는 "수술과 암술이/바람이나 손길을 핑계 삼아/은근히 몸을 기대며/살고 있는 곳"과 같은 감각적이고 관능적인 이미지. 그리고 "이별이여, 축제의 표적이여"와 같은 돌발적이고도 모호한 표현이 그것이다. 투명한 진술의 세계를 일관되게 보여준 시 세계 안에서 이 시는 예외적인 것이라고 볼 수도 있겠다. 그러나 여전히 그 안에는 마종기 특유의 미학적 자질들이 숨쉬고 있다.
　이 시의 미학은 뜨겁고 끈끈한 관능에 속하는 것이 아니라, 따뜻하고 부드러운 정조에 속한다. 관능은 여전히 '연하고 부드러운' 식물성의 세계로 순치된다. 화자는 "시들어 고개 숙인 꽃까지/따뜻하다"라고 노래하고 있지 않은가. 심지어 "임신한 몸" "혼절의 기미" "이불도 안 덮은" 몸 등의 감각적인 이미지들도 연하고 부드러운 문맥으로 감싸인다. 이런 맥락에서 꽃의 이미지는 수동적인 여성성의 자리에 가깝다. 그 "꽃 속에 들어가"는 존재로서의 시적 화자는 남성적인 존재에 해당할 수 있다. 그런데 그 남성성은 적어도 여성성에 매혹된 혹은, 거기에 물든 남성성이다. 처음부터 꽃의 여성성은 수술과 암술이 함께 몸을 기대고 있는 양성적인 공간으로서의 여성성이 아니었던가.

"내가 그대에게 가는 여정"의 따뜻함은 그 만남의 공간을 향하는 소망적인 사고의 일부를 드러낸다.

그런데, 갑자기 '이별'이 등장한다. 엄밀하게 말하면 '갑자기'가 아니다. 바로 앞의 "이루지 못한 꿈"이 '이별'의 표지를 끌어당기기 때문이다. 왜 이별인가? '꽃-축제'는 일회성과 유한성, 혹은 덧없음의 아름다움이라는 의미 자질을 공유한다. '꽃-축제'는 그 절정의 순간이 소멸의 순간이다. 여기서 의문이 해소된다. '꽃-축제'는 이별을 향해 피어나고, 그래서 이별은 '축제-꽃'의 표적이다. '표적'이라는 표현은 이 시의 백미에 해당한다. '꽃-축제'을 향한 충동이 생의 욕구에 가까운 것이라면, 이별은 소멸과 죽음의 사건에 포함된다. 다른 방식으로 말하면, 죽음이야말로 생의 표적이다. 그래서 그 표적은 시간의 목표로서의 표적(標的)이며, 드러난 형적으로서의 표적(表迹)이다. 만발하는 '축제의 꽃'은 생의 절정이며, 동시에 소멸의 표적이다. 꽃을 둘러싼 생의 아이러니는 마지막 시「목련, 혹은 미미한 은퇴」에서는 유장한 서사적 공간과 만난다. 기억의 현상학은 고백의 화법이 결합하고 있으며, 그 모든 고백들은 '당신'에게 바쳐지고 있다.

> 젊은 봄날에 우리는
> 먼 외국에서 도착했다.
> 구식이 된 거리의 실내악.
> 집 잃은 사람은 구라파로 가고
> 목련이 구름처럼 피어 기가 질리던
> 그 계시의 영상을 믿기로 했다

이사 온 나라는 달기만 해서
목련의 색깔은 더 엷어지고
시계 초침 소리는 더 빨라지고
나는 몸을 감추기 시작했다.
단번에 칼처럼 매워지고 싶었지만
정신 나간 목련은 계속 피면서 지고
여름이 되기 전에 맨발이 되었다.
나는 가벼운 물에 떠돌기 시작했다.

———「목련, 혹은 미미한 은퇴」부분

  이 시는 그의 수필적인 문법의 한 절정을 보여준다. 마종기 시의 서사성은 서정시의 구조 안에 시간의 궤적을 담아내려는 시도의 소산이다. 그러나 그것은 객관적인 현실을 시 안에 끌어들이겠다는 리얼리즘의 의지와는 다르다. 그의 시의 서사성은 자신의 실존적 궤적을 정직하게 묘사하겠다는 서정적 자아의 욕구와 관련된다. 그의 시의 수필적인 공간은 이 지점에서 형성된다. 자전적인 시들은 서정과 서사 사이의 수필적 세계에 속한다고 볼 수 있으나, 그 지층에는 여전히 서정적인 자아가 살고 있다. 개인 서사를 구성하려는 욕구는 세계에 대한 서정적 태도의 한 변형이다. 그는 그 수필의 세계 안에서 평면적인 산문성을 배제하고 시적인 상징들과 여백이 많은 진술들을 새겨 넣는다. 마종기의 시의 특징으로 평가되는 순수 진술의 공간은 산문적인 단순성과는 구별된다. 그는 자신의 실존적 정직성을 시적 질료로 삼고 그것을 투명하게 진술한다. 이 투명한 진술에의 의지는, 의미의 잉여와 아이러니를 머금고 있는 은유의 언어들을 낳는다.

이 시에서 화자는 오랜 이민의 시간을 투시하려 한다. 생의 시간성은 목련으로 표상된다. "목련이 구름처럼 피어기가 질리던/그 계시의 영상"은 이민의 시간에 부여된 최초의 신성한 이미지이다. 그 이미지는 그러나 변화한다. "목련의 색깔은 더 얇아지고" "정신 나간 목련은 계속 피면서" 진다. '목련'은 단순히 성화된 이미지가 아니다. 목련은 '정신 나간' 목련이다. '정신 나간' 이미지는 앞의 시에서의 '혼절의 기미'와 함께 그의 시의 한 중요한 의미소를 이룬다고 나는 생각한다. 그 안에는 시간의 현실성이 아로새겨져 있다. 폭력적인 시간은 '정신'을 빼앗아간다. 시인에게 산다는 것은 '정신 나간 시간'과 관련된다. "사는 것은 꿈이고/죽는 것은 꿈에서 깨어나는 것이라며/멀리 떠나는 정신 나간 나뭇잎"(「가을에 대한 의견」)이라는 진술을 보라.

이 시의 후반부는 현저히 이인칭에 대한 호명의 진술로 채워진다. 여기서 '당신'의 이미지는 중층적이다. 우선 '당신'은 '나'와 함께 그 이민의 시간을 살아낸 사랑하는 사람이다. "당신이 같이 걸어주어서/내 길이 얼마나 험했는지/나는 끝까지 모른다". 이 진술은 단순한 듯 보이지만 모호하다. 당신 때문에 내 길이 힘든지를 몰랐다는 고백으로 해석하는 것은 상식적인 문맥이다. 그런데 '끝까지 모른다'라는 과잉 부정에는 아이러니를 포함한다. 더욱이 이 진술을 뒤틀어 읽으면, 당신 때문에 내 길이 험했지만, 나는 그것을 모른다라고 엉뚱하게 해석될 수도 있다. "오늘도 당신에게 가지 않았다./아무리 울어도 표나지 않는/비 오는 날에 보는 목련꽃 벗은 몸"이라는 진술에 이르면 화자와 '당신' 사이의 거리, "당신이 혹시 쉬고 있는 목성과 토성 사이"의 거리가 감지된다. '당신'은 "같이 있어도 같이 있지 않고/같이 없어도 같이 있는"(「상처 2」) 그런 존재이다.

"행방이 묘연한 내 살림살이"로 표현되는 고단한 이민의 생애는 "평생을 어딘가에 취해 살았다"라는 '정신 나간 목련'의 이미지와 다시 만난다. "꽃을 먼저 피워 날리고 난 후에야/뒤늦게 나뭇잎을 만들어 달고/꽃씨 간직할 방도 마련하기 전에/아이들은 차를 타고 제각각/어색한 언어의 나라로 떠났다"라는 표현에 이르러 우리는 왜 그 꽃이 하필 '목련'이었나를 알 수 있게 된다. '정신 없이' "꽃을 먼저 피워 날리고 난 후에야" "뒤늦게 나뭇잎을 만들어" 다는 목련은 앞의 시 "축제의 꽃"에 다름 아니다. 목련에게 정신 없이 혼절할 듯한 '축제-개화'의 시간은 너무 빨리 오고, 너무 빨리 지나간다. 이 시간의 폭력성 앞에서 화자에게는 무엇이 남을 것인가? 우선 열매가 남는다. "낙엽은 나무의 눈물,/쌓인 눈물을 다 씻어낸 뒤에/당신에게 들어가 열매가 되었다." '꽃'에 들어가 '열매'가 되는 화자의 존재는 「축제의 꽃」의 화자와 겹쳐진다. 문제는 그 다음. 이 시는 앞의 시가 보여주지 않았던 종교적인 경지에 육박한다.

    이제 내 짐도 내려놓고
    내 하던 일도 내려놓는다.
    앞이 보이지 않는 일상의 일탈,

국경의 저쪽에 당신 침묵이 보인다.
죽은 꽃나무 짊어지고 산정을 향하는
당신 연민의 옆얼굴이 밝아온다.

피 흘리는 미혼의 집에서
몸부림하던 문들이 열린다.
세상의 모든 아름다운 말과 글이
당신의 몸에 눌려 질식하고
땅과 바다는 다 걷혀 가버렸다.

한때 사람은 심장으로 생각했다.
그 시절에는 나도 가슴이 뛰었다.
기적같이 당신의 극치에 왔다.
세상에 필요한 단 하루의 아침에
내게 확신의 눈길을 보내준 당신과 함께.
　　　　　　　　──「목련, 혹은 미미한 은퇴」 부분

　자전적인 고백의 진술은 "국경의 저쪽에 당신 침묵"을 발견한다. 여기서 '당신'은 개인성의 차원을 넘어서는 것처럼 보인다. "죽은 꽃나무 짊어지고 산정을 향하는/당신 연민의 옆얼굴"은 또렷한 종교적 이미지를 떠올리게 한다. 그러나 이 시의 시적 전언은 종교적인 비전으로 환원되지 않는다. 시인에게 '당신'은 이를테면 한용운의 침묵하는 '님'이 그랬던 것처럼, 종교적인 대상인 동시에 실존적인 대상이다. 우선 '당신'은 세상 모든 것에 편재하며, 끊임없이 변화한다. "매일 색깔을 바꾸느라 밤잠 설치는/저 하느님의 얼굴"(「가을에 대한 의견」) "오늘 다시 우리 가슴을 설레게 하는/빗속에 섞여 내리는 당신의 지극한 눈빛"(「늙은 비의 노래」)은 우주에 가득하다. 이때 마종기의 '당신'은 범신론에 접근한다. '당신의 옆얼굴'과 '당신의 몸' '당신의 눈길'의 이미지는 그 종교적 대상을 개인적 육체의 차원으로 되돌린다. 그러므로 "기적같이 당신의 극치에 왔다"는 진술은 종교적인 사랑과 개인적인 사랑이 '기적같이' 만나는 순간을 가리킨다.

이 시집에서도 시인은 여전히 "내 집은 땅, 지상의 배,/저항하는 지상의 파도에 흔들리는/내 집은 위험한 고기잡이배"(「내 집」)라고 노래할 정도로 비극적인 유랑 의식에 붙들려 있다. 인간에게 집이란, 유랑의 공간 반대편에 위치하는 휴식의 공간이어야 할 것이다. 그 집이 있기 때문에 유랑하는 자는 안주의 시간을 꿈꿀 수 있다. 그러나 그 집이 '땅'이고 '지상의 배'인 상황에서 '집/길'의 이분법은 성립하지 않는다. 집은 그 자체가 길이며, 길은 집의 다른 이름이다. 이러한 깊은 유랑 의식은 다음과 같은 단아한 이미지들과 조우한다.

　　물고기는 강물 소리에 잠들고
　　새들은 달무리에서 잠들고
　　나는 땅이 식는 몸서리에 잠든다.

　　평생 눈 감지 못하는 물고기는
　　꿈속에서 두 눈 감고 깊이 잠들고

잠자는 새들의 꿈은 나무에 떨어져
달 없는 한밤에 잠든 나무를 깨운다.
새들의 꿈에서는 나무 냄새가 난다.　　——「내 집」 부분

흥미로운 것은 물고기와 새의 꿈에 관한 것이다. 눈 감지 못하는 물고기의 꿈은 '두 눈 감고 잠드는' 것이고, 새들의 꿈은 나무에서 쉬는 것이다. 그러나 그 꿈은 쉽게 실현되지 않는다. 그래서 그들은 꿈속에서 꿈꾼다. 그래서 그 꿈은 중층적이다. 물고기와 새는 꿈을 위해 꿈꾼다. 그것은 '집이 땅이고 지상의 배'인 유랑자의 꿈이기도 하다. 그래서 유랑자는 꿈속에서 침묵한다. 아니 침묵으로 꿈꾼다.

침묵은 금이라는 금언을 되새기면서
그해에 나는 가슴 깊이 금광을 하나 넣고
무서운 법이 많았던 내 나라를 떠났어.
침묵은 금이라니까 나도 한번 빛나고 싶어
어둡던 사람들 피해 밖으로 나돌면서
압박과 설움에 뒤엉키고 기어올랐어.

(중략)

그 금광이 폐허가 된 것을 알아버린 때는
길어진 방황, 나라 밖의 세월이 물경 35년 후,
금광이 너무 오래 가슴에 묻혀서였나,
숨통이 막혀서였나, 침묵은 아직도 금이라구?
맑은 새소리도 운치의 풍경도 사라진 폐광,

가슴속의 금광은 큰 구멍 하나로 남고
나는 자주 빈 기침만으로 아침을 맞는다.
─「침묵은 금이라구?」 부분

　유랑자의 침묵은 이 시에서 그 자전적 근거를 드러낸다. 이 시에는 침묵의 정치학을 둘러싼 아이러니가 포함된다. 1965년 시인의 공군사관학교 군의관 시절, 한일회담 반대 성명에 가담했다가 자신이 당했던 정치적 고초가 그것이다. 그런 정치적 억압은 "침묵은 금이라는 금언"을 금과옥조처럼 여기게 만든다. 그 금언을 안고 화자는 "무서운 법이 많았던 내 나라를" 떠났다. 압박을 피해 떠나는 이민의 길을 화자는 '금광'을 찾기 위해 떠난 길로 묘사한다. 그래서 침묵의 금광을 믿었던 유랑자는 "누가 뭐라고 해잘거려도 나는 침묵했어"라고 술회한다. 그러나 "나라 밖의 세월이 물경 35년 후"인 "길어진 방황"의 끝에, "그 금광이 폐허가 된 것을 알아"버린다. '침묵-금광'의 금언에서 '금광-폐허, 구멍'의 자각에 이르는 길이 화자의 유랑의 시간이다. 상투적인 금언을 전복함으로써 이 시는 가벼운 유머를 선사하지만, 그 위트는 아프다. 유랑자의 오랜 침묵의 길이 그곳에 새겨져 있기 때문이다. 그러나 돌아온 유랑자는 그 시간의 구멍만을 응시하지는 않는다.

우리들도 처음에는 모두 새로웠다.
그 놀라운 처음의 새로움을 기억하느냐,
끊어질 듯 가늘고 가쁜 숨소리 따라
피 흘리던 만조의 바다가 신선해졌다.

나는 내가 살아 있다는 것을 몰랐다.
저기 누군가 귀를 세우고 듣는다.
멀리까지 마중 나온 바다의 문 열리고
이승을 건너서, 집 없는 추위를 지나서
같은 길 걸어가는 사람아,
들리냐.
—「길」부분

표랑(漂浪)의 삶에 대한 회상이 이인칭에 대한 따뜻한 호명의 화법을 실현하는 자리에「길」이 있다. "높고 화려했던 등대는 착각이었을까"로 시작되는 고백은 삶 전체를 바다의 길로 은유한다. 이 시에서 '바다의 길'은 이중적인 의미를 함유한다. 표랑의 조건으로서의 바다가 그 하나라면, 다른 하나는 생명의 기원으로서의 바다이다. 바다는 그래서 '망망하고' 또한 '신선한다'. 바다는 길의 험난한 조건이면서, 그 자체로 하나의 길이다. 화자는 그 삶의 기원, "그 놀라운 처음의 새로움"을 기억하고 "피 흘리던 만조의 바다가 신선해"지는 장면을 불러온다. 생의 시간적 마디들은 정갈한 언어로 그려진 바다의 풍광들과 대응한다. 그러나 풍경은 삶에 관한 개념적 진술로 환원되지 않으며, 은유적인 묘사는 기억의 내면을 단순화시키지 않는다. 그리하여 "나는 내가 살아 있다는 것을 몰랐다./저기 누군가 귀를 세우고 듣는다./멀리까지 마중 나온 바다의 문 열리고/이승을 건너서, 집 없는 추위를 지나서"라는 고백적 진술은 삶에 관한 닫힌 확신과 감상의 자리를 벗어나 있다. 화자의 고백은 표랑해본 자만이 도달하는 삶에 대한 겸허를 보여주며, 그 겸허한 시선이 '바다의 문'을 열게 한다. 그런데 이 회상과 성찰은 혼자만의 것이 아니다. 중요한 것은 "같은 길 걸어가는 사람아,/들리냐"라고 호명하는 행위 자체이다. '길'은 같이 걸어온 사람 때문에 추억할 만한 것이 된다. 시인에게 유랑의 의식은 삶의 정처 없음에 대한 한탄에 머물지 않는다. 화자는 "나도 떠도는 내 운명을 원망하지 않기로 했다"(「그레고리안 성가 2」)라고 말하고 있으니 말이다. 시인은 표랑의 운명을 삶의 근원적인 조건으로 성찰하고, 그 안에서 보편적인 생 체험의 내용을 발견한다. 그 발견은 함께 유랑하는 타자들에 대한 깊고 그윽한 시선을 동반한다.

이 성숙한 유랑자에게 표랑의 시간들을 호명하는 일과 '당신'을 호명하는 일은 겹쳐진다.

그리하여 우리가 이 시집에서 만난 것은 그 작은 '온유'의 거대한 힘이다. "하루를 마감하는 내 저녁 속의 노을,/가없는 온유의 강이 큰 힘이라니!" 그 온유한 존재는 이제, 한없이 떠돌던 시간의 몸을 씻어준다. "그 겸손하고 작은 물 내게 묻어와/떠돌던 날의 더운 몸을 씻어준다"(「溫柔에 대하여」). ▨